# BEI GRIN MACHT SICH IHR WISSEN BEZAHLT

# Persönlichkeitspsychologie. Intelligenzmodelle, soziale Unterstützung, Zwangsstörung versus zwanghafte Persönlichkeitsstörung

Anna-Maria Burchard

**Bibliografische Information der Deutschen Nationalbibliothek:**

Die Deutsche Nationalbibliothek verzeichnet diese Publikation in der Deutschen Nationalbibliografie; detaillierte bibliografische Daten sind im Internet über http://dnb.d-nb.de abrufbar.

ISBN: 9783346294166
Dieses Buch ist auch als E-Book erhältlich.

Das Buch bei GRIN: https://www.grin.com/document/945226

# Einsendeaufgabe

## Persönlichkeitspsychologie

Alternative C

SRH Fernhochschule – The Mobile University

Modul: Persönlichkeitspsychologie

Studiengang: B. Sc. Psychologie

Von

Anna-Maria Burchard

Psychologie (B.Sc.)

# Inhaltsverzeichnis

# Abkürzungsverzeichnis

| | |
|---|---|
| Aufl. | Auflage |
| BAI | Beck Angst-Inventar |
| bspw. | beispielsweise |
| BSSS | Berliner Social Support Skalen |
| BIS | Berliner-Intelligenzstruktur-Test |
| bzw. | Beziehungsweise |
| d. h. | das heißt |
| EI | Emotionale Intelligenz |
| EMAS | Endler Multidimensional Anxiety Scales |
| f. | folgende Seite |
| ff. | Folgende Seiten |
| IQ | Intelligenzquotient |
| MSCEIT | Mayer-Salovey-Caruso-Emotional Intelligence-Test |
| S. | Seite |
| sog. | sogenannt |
| STAI | Stait-Trait-Angstinventar |
| u. a. | unter anderem |
| Vgl. | Vergleiche |
| z. B. | zum Beispiel |

## Abbildungsverzeichnis

# 1. Aufgabe A1

Unterkapitel 1.1 definiert zunächst den Begriff der emotionalen Intelligenz und erörtert anschließend, wie sich emotionale Intelligenz vom klassischen Intelligenzbegriff abgrenzt. Unterkapitel 1.2 beschäftigt sich mit dem Modell der emotionalen Intelligenz nach Salovey und Mayer. In Unterkapitel 1.3 wird diskutiert, ob emotionale Intelligenz ein gesundheitsrelevanter Faktor sein könnte.

## 1.1 Emotionale Intelligenz versus klassische Intelligenz

Unter emotionaler Intelligenz werden die Fähigkeiten verstanden eigene und fremde Emotionen wahrnehmen, interpretieren, verstehen, ausdrücken, nutzen und steuern zu können.[1] Hierbei spielen Empathie und Motivation eine bedeutende Rolle.[2]

Das relativ junge Konstrukt der emotionalen Intelligenz wurde von Salovey und Mayer eingeführt und weist einige konzeptuelle Verbindungen zur sozialen und personalen Intelligenz auf. Ihr Konzept beschreibt emotionale Intelligenz als ein Zusammenspiel aus vier verschiedenen Aspekten.[3] Neben diesem Modell wurden weitere EI-Modelle ausgearbeitet, welche die Bedeutung und den Umfang der emotionalen Intelligenz ausweiten, um mentale Fähigkeiten sowie eine Vielzahl verschiedener Persönlichkeitsmerkmale zu kombinieren und hierdurch den Lebenserfolg vorherzusagen.

Goleman konzipierte sein hierarchisches Modell aus den Aspekten der Fähigkeiten eigene Emotionen und die der anderen zu identifizieren, eigenständig Emotionen zu regulieren, sich zu ermutigen und zu motivieren, Emotionen empathisch wahrzunehmen, eigenes Verhalten anzupassen und eine Basis an guten Beziehungen zu entwickeln. Menschen unterscheiden sich nach Goleman vor allem darin, inwieweit sie fähig sind emotionalen Reize zu kontrollieren.[4] Die Betrachtungsweise der emotionalen Intelligenz liegt demzufolge auf einer Form der "Metafähigkeit".

---

[1] Vgl. Rauthmann (2017), S. 205.
[2] Vgl. Becker (2014), S. 113.
[3] Vgl. Becker (2014), S.112.
[4] Vgl. Becker (2014), S.113.

Bar-On definiert die emotionale Intelligenz als nicht-kognitive Fähigkeiten und Kompetenzen, die einer Person helfen, mit den Anforderungen aus der Umwelt erfolgreich umzugehen und sich bestmöglich an sie anzupassen. Sein Modell enthält 15 Intelligenzaspekte, die jeweils auf folgende 5 Domänen aufgeteilt werden: Intrapersonelle Intelligenz, Interpersonelle Intelligenz, Anpassungsfähigkeit, Stressmanagement und Stimmungslage.[5]

Zusammengefasst wird das Konzept der emotionalen Intelligenz durch fünf Fähigkeitsbereiche unterschieden:[6]

- Wahrnehmung von Emotionen bei sich und anderen
- Situationsbezogene Einschätzung von Emotionen
- Förderung des Denkens durch Emotionen
- Verstehen und Analysieren von Emotionen
- Regulation von Emotionen

Die Messung von emotionaler Intelligenz wird innerhalb der Konzeptualisierung in Trait-Ansätze, Fähigkeitsmodelle und gemischte Ansätze unterteilt und lässt sich nach den Klassifikationen von Cattell in drei Datenquellen einteilen:

- Q-Daten aus Selbstbeschreibungen (z. B. EQ-i von Bar-On, 1997)
- T-Daten aus Leistungstests oder Verhaltensbeobachtungen bei Arbeitsaufgaben (z. B. MEIS von Mayer et al., 1999)
- L-Daten aus objektiv erfassten spezifischen Kontexten bzw. lebensgeschichtlichen Ereignissen oder aus Fremdbeurteilungen (z. B. EKF-Fremd von Rindermann, 2007)

Hinzuzufügen ist jedoch, dass die geringe Evidenz durch empirische Forschung, das Fehlen einer theoretischen Weiterentwicklung sowie die Begrifflichkeit als emotionale "Intelligenz" umstritten ist. Dies ist aus Sicht verschiedener Wissenschaftler ein Rückschritt der wichtigen Erkenntnisleistung hinsichtlich differenzierter, systematischer Benennung von Phänomenen.[7]

Im Vergleich zur emotionalen Intelligenz wird der klassische Intelligenzbegriff laut der US-amerikanischen Bildungspsychologin Linda Gottfredson und weiteren Fachkollegen als eine sehr allgemeine geistige Kapazität beschrieben, die folgende Fähigkeiten umfasst:

---

[5] Vgl. Maltby et al.? (2011), S. 701.
[6] Vgl. Asendorpf (2018), S. 110.
[7] Vgl. Schuler (2002), S. 138ff.

schlussfolgerndes Denken, Planen, Problemlösung, abstraktes Denken, Verständnis komplexer Ideen, schnelles Lernen und Lernen aus Erfahrung.[8]

Der deutsche Psychologe Stern führte 1912 den Begriff des Intelligenzquotienten ein und definierte dieses Maß als Verhältnis des Intelligenzalters zum Lebensalter.[9] Der IQ ist als jene maximale Grenze der intellektuellen Leistungsfähigkeit definiert, die ein Mensch trotz aller Übung nicht überschreiten kann und dient als Grundlage zur kognitiven Intelligenzmessung. Der durchschnittliche IQ-Wert liegt zwischen 90 und 110. IQ-Werte über 110 werden als überdurchschnittlich, Ergebnisse unter 90 als unterdurchschnittlich intelligent gewertet. Die Berechnung des IQ-Wertes erfolgt durch die Punktevergabe aus einzelnen Testabschnitten die zu dem Rohwert (x) addiert werden und anschließend mit der Verteilung des Rohwertes in der entsprechenden Altersgruppe verglichen werden können.[10]

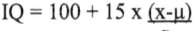

$$IQ = 100 + 15 \times \frac{(x-\mu)}{\sim}$$

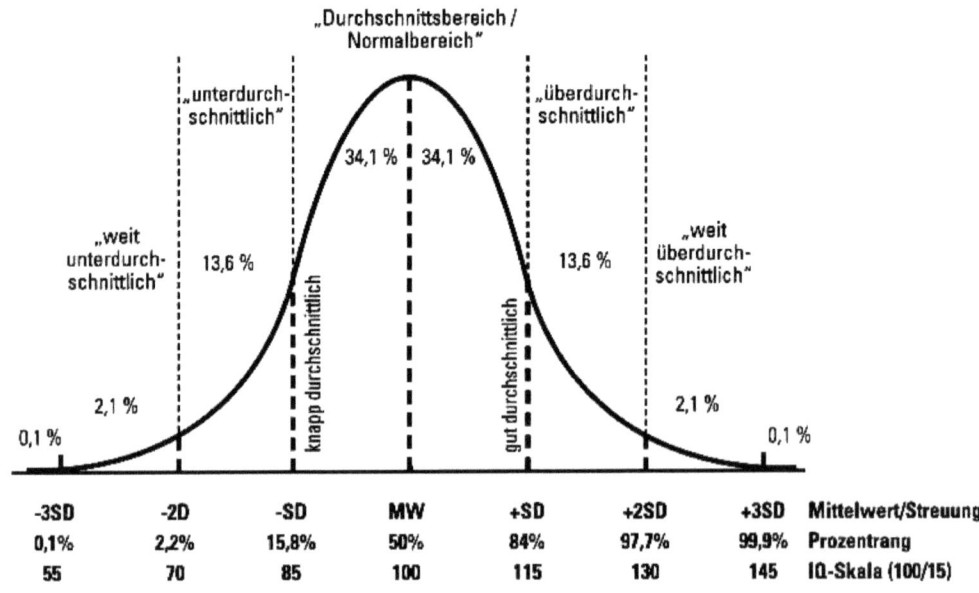

Abbildung 1: Normalverteilte IQ-Werte.[11]

---

[8] Vgl. José (2016), S. 38.
[9] Vgl. Asendorpf/ Neyer (2011), S. 145f.
[10] Vgl. Becker (2014), S. 91.
[11] Vgl. Petermann/ Macha (2006), S. 302.

Zur Messung der klassischen Intelligenz werden hierarchisch aufgebaute Intelligenztests verwendet, die mehrere mäßig positiv korrelierende Untertests beinhalten, um spezifische Intelligenzfaktoren zu diagnostizieren und diese als individuelles Intelligenzprofil zu nutzen. Die oberste Ebene bezieht sich auf die allgemeine Intelligenz (g-Faktor) die durch den IQ erfasst wird. Darunter liegende Ebenen bestehen aus Unterfaktoren, die durch Faktorenanalysen entstehen. Ein konventioneller, integrativer Intelligenztest ist beispielsweise der Berliner Intelligenzstruktur-Test (BIS), der 12 Kombinationen von Intelligenzoperationen und Aufgabeninhalten unterscheidet. [12]

Zusammengefasst unterscheidet sich emotionale Intelligenz vor allem hinsichtlich der Anwendung in non-kognitiven Bereichen von der klassischen Intelligenz, die sich ausschließlich auf kognitive Fähigkeiten bezieht. [13]

## 1.2 Modell der emotionalen Intelligenz

1990 stellten Salovey und Mayer das erste Modell zur Emotionalen Intelligenz vor, modifizierten dies 1997 und entwickelten den Mayer-Salovey-Caruso-Emotional Intelligence-Test (MSCEIT).

Salovey und Mayer gehen davon aus, dass Aufgaben des alltäglichen Lebens zusätzlich zu kognitiven Informationen auch affektive Informationen enthalten, die ebenso wie die kognitiven enkodiert und verarbeitet werden müssen. Sie vermuten, dass dies im Gegensatz zur kognitiven Informationsverarbeitung differenziert geschieht und sich Menschen in der Fähigkeit der emotionalen Verarbeitung unterscheiden.

Das aktuelle Modell ist in vier verschiedene Fähigkeitsbereiche eingeteilt: [14]

- Reflektierte Regulation von Emotionen zur Unterstützung des emotionalen und intellektuellen Wachstums: Fähigkeit, offen für angenehme Emotionen zu sein; eine Emotion zu nutzen, sich von Informationsgehalt und Nützlichkeit loszulösen; Emotionen von Verhalten trennen zu können; Fähigkeit zur reflektierten Beobachtung von eigenen und fremden Emotionen; Fähigkeit, positive und negative Emotionen bei sich selbst und anderen zu beeinflussen, ohne die Informationen der Emotion zu vernachlässigen

---

[12] Vgl. Asendorpf (2018), S. 98 f.
[13] Vgl. Rauthmann (2016), S. 22.
[14] Vgl. Mayer/ Salovey (1997), S. 11.

- Verstehen und Analysieren von Emotionen; Anwenden von Wissen über Emotionen: Fähigkeit, Emotionen zu bezeichnen und Beziehung zwischen Emotionen sowie deren Intensität zu erkennen; Fähigkeit, komplexe Gefühle zu verstehen; Fähigkeit, Übergänge von einer Emotion in eine andere zu definieren; Fähigkeit, Konsequenzen von Emotionen zu berücksichtigen
- Erleichterung des Denkens durch Emotionen: Emotionen lenken Aufmerksamkeit auf wichtige Informationen, als Hilfe für kognitive Prozesse des Urteilens oder des Gedächtnisses; Emotionale Schwankungen dienen dem Perspektivwechsel; Emotionale Zustände fördern Problemlösungen
- Wahrnehmung, Erkennen und Ausdrücken von Emotionen: Fähigkeit, eigene Emotionen anhand von körperlichen Zuständen und Stimmungen zu identifizieren; Fähigkeit, Emotionen und Bedürfnisse auszudrücken; Fähigkeit, angemessenen und unpassende Gefühlen zu unterscheiden sowie echte und gespielte Emotionen zu erkennen

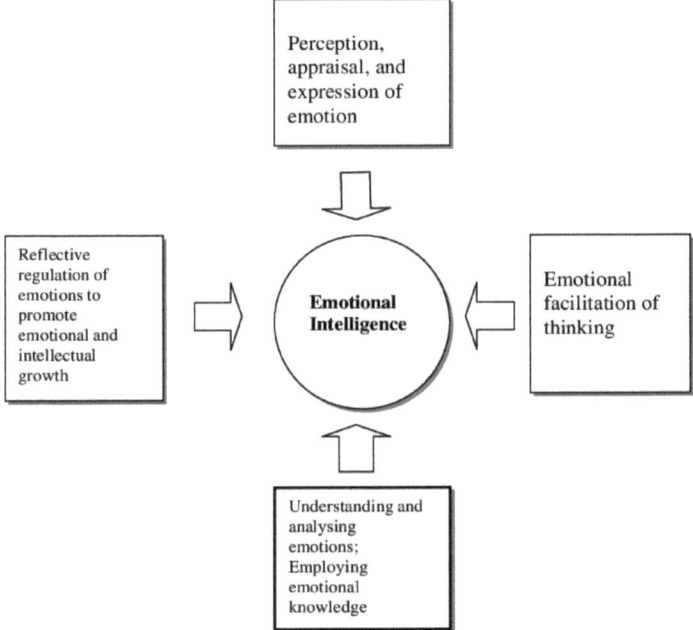

Abbildung 2: Schematische Darstellung Emotionaler Intelligenz.[15]

---

[15] Vgl. van Heck/ den Oudsten (2007), S. 101.

Diese vier Aspekte werden wiederum in zwei Bereiche aufgeteilt. Im erfahrungsbasierten Bereich stehen erlebnisbezogene Aspekte, der Strategiebereich umfasst alle ziel- und handlungsbezogenen Aspekte.[16]

Generelle Kritik wird an der Messung oben genannter Fähigkeitsbereiche und Aspekte geübt. Da das Konstrukt der emotionalen Intelligenz noch nicht in eine umfassend elaborierte Theorie eingebettet ist, gestaltet sich die Erfassung aufgrund fehlender, eindeutiger operationaler Definitionen als schwierig. Zudem existiert bereits eine große Anzahl an Testverfahren, die sich zur Erfassung von emotionalen Prozessen eignet, die partiell als Teilfähigkeiten von emotionaler Intelligenz verstanden werden können.

Abschließend ist festzustellen, dass dieses Konstrukt eher als integratives Konzept verstanden werden sollte, dass bisherige Forschungsarbeiten zu emotionalen Prozessen zusammenfassen und vereinen kann.

## 1.3 Emotionale Intelligenz als gesundheitsrelevanter Faktor

Aus den Grundaspekten emotionaler Intelligenz können zahlreiche gesundheitsrelevante Faktoren abgeleitet werden.

Die Regulation von Emotionen in Form von Selbstkontrollfähigkeit hinsichtlich der eigenen Gefühle kann die Stabilität der psychischen und physischen Gesundheit beeinflussen. Ein Beispiel bezüglich negativer Faktoren und deren Auswirkungen auf die Gesundheit sind die Emotionen Ärger und Wut. Diese externen, negativen Trigger können laut wissenschaftlicher Studien chronische Auswirkungen auf Gefäßverengungen und Herzinfarkte haben.[17] Grundsätzlich ist davon auszugehen, dass eine eher negative Affektivität aufgrund von chronisch wahrgenommenem Stress hohe gesundheitliche Risiken birgt und diese im Vergleich zu Menschen mit hoher emotionaler Intelligenz und geringerer negativer Affektivität, lebensverkürzend wirkt.[18]

Ebenso sind das Verstehen und Analysieren von Emotionen sowie die Wahrnehmung von Emotionen bei sich und anderen ein wichtiger Faktor, um Lösungsstrategien zu entwickeln und einen übergeordneten Blickwinkel zu erlangen. Konfliktsituationen können beispielsweise durch einen reflektiven Umgang mit Gefühlen sowie der Möglichkeit einer daraus

---

[16] Vgl. Becker (2014), S. 112f.
[17] Vgl. Smyth/ O'Donell/ Lamelas (2016).
[18] Vgl. Salewski/ Renner (2009), S.146.

resultierenden Meta-Perspektive verbessert oder aufgelöst werden und tragen somit zu einer stabilen psychischen Gesundheit bei.

Empirische Studie zeigen, dass Menschen mit der Fähigkeit eigene und fremde Gefühle zu steuern, im privaten und beruflichem Leben weniger psychische Störungen, bessere persönliche Beziehungen, eine höhere Zufriedenheit sowie eine geringere Anfälligkeit für Gewohnheiten wie Rauchen besitzen.[19]

Auch in der Psychosomatik spielt die Verbindung zwischen Emotionen und krankmachenden Faktoren eine wichtige Rolle. So wird angenommen, dass durch ein längeres Anhalten negativer Gefühle, das Gleichgewicht zwischen Sympathikus und Parasympathikus gestört wird, wodurch körperliche Erkrankungen entstehen, die sich vor allem in dem vegetativen Nervensystem unterstehenden Organen manifestiert.[20]

Aufgrund deutlicher Korrelation zwischen Emotionen und physischen Prozessen auf Ebenen des Nervensystems, des Herz-Kreislaufsystems, des Hormon- sowie Immunsystems, ist zusammenfassend festzustellen, dass Emotionale Intelligenz einen direkten Einfluss auf die Gesundheit haben kann.

# 2. Aufgabe C2

Unterkapitel 2.1 definiert den Begriff "Soziale Unterstützung" und erörtert anschließend, welche Zusammenhänge zwischen sozialer Unterstützung und Gesundheit empirisch nachweisbar sind. Unterkapitel 2.2 beschäftigt sich mit der Frage, inwiefern soziale Unterstützung als Persönlichkeitsmerkmal charakterisiert werden kann. In Unterkapitel 1.3 wird diskutiert, ob und inwieweit eine stabile Partnerschaft bei der Bewältigung von chronischen Krankheiten helfen kann.

## 2.1 Soziale Unterstützung: Definition und Zusammenhänge mit der Gesundheit

Soziale Unterstützung bezeichnet qualitative Aspekte positiver sozialer Interaktion. Das Ziel sozialer Unterstützung besteht darin, einen Problemzustand, der beim Betroffenen Leid erzeugt zu verändern oder diesen zumindest zu erleichtern.

---

[19] Vgl. Tangney (2004), S. 271ff.
[20] Vgl. Ringel (1975), S. 47.

Diese Form des sozialen Rückhalts wird durch unterstützendes Handeln einer Bezugsperson (Unterstützungsquelle) der belasteten Person (Rezipienten) zuteil und kann aus verschiedenen Aspekten bestehen: instrumentelle Unterstützung (z. B. materielle Hilfen), emotionale Unterstützung (z. B. aktives Zuhören) oder informative Unterstützung (z. B. Lösungsvorschläge). Weiterhin werden 5 Dimensionen bezüglich sozialer Unterstützung im Zusammenhang mit der Wahrnehmung des Rezipienten unterschieden: wahrgenommene Unterstützung (perceived available social support), welche die persönliche Einschätzung unterstützt zu werden widerspiegelt; erhaltene Unterstützung (actually recieved social support), die aufgrund vergangener, empfangener Unterstützungsleistungen beurteilt wird; das Bedürfnis nach sozialer Unterstützung (need for support); Suche nach sozialer Unterstützung (mobilization of support) und das protektive Abpuffern (protective buffering).

Empirische Analysen von Unterstützungseffekten beziehen sich auf eine Vielzahl von Indikatoren des Wohlbefindens und der Gesundheit. In korrelativen Untersuchungen, epidemiologischen Studien und Laborexperimenten sind neben Symptom- und Befindlichkeitsskalen auch direkte Bewertungen von Unterstützung, physiologische, endokrinologische und immunologische Parameter sowie epidemiologische Kennwerte der Erholungsfähigkeit untersucht worden. Hierbei wurde ein eindeutiger positiver Zusammenhang zwischen psychischem Wohlbefinden und wahrgenommener Unterstützung festgestellt. Eine deutliche Evidenz zeigt sich im positiven Zusammenhang zwischen seelischem Wohlbefinden sowie somatischer Gesundheit und wahrgenommener Unterstützung. Ist die Erwartung in Belastungssituationen soziale Fürsorge zu erhalten hoch, ergeben sich günstigere Werte auf den Befindlichkeitsskalen und eine geringere Anfälligkeit für depressive Störungen.[21]

Als weitere wichtige Komponente dient soziale Unterstützung nicht nur als soziale Ressource, sondern trägt wesentlich zur persönlichen Identität bei.[22] Ebendieser Effekt kann bei ausbleibender sozialer Unterstützung eine eindeutige Gefährdung des Selbstwertgefühls darstellen. Muss der Rezipient die Unterstützung aktiv einfordern (Mobilisierte Unterstützung), wird diese als weniger positiv bewertet.[23] Entsteht hingegen ein Ausgleich aufgrund einer zuvor eigens erbrachten Unterstützungsleistung, oder besteht die Aussicht auf einen Ausgleich (Reziprozität), entfaltet dies wiederum eine positive Auswirkung.[24] Studien,

---

[21] Vgl. Klauer (2009), S. 82.
[22] Vgl. Kienle/ Knoll/ Renneberg (2006), S. 108.
[23] Vgl. Eckenrode/ Wethington (1990), S.84f.
[24] Vgl. Väänänen/ Buunk/ Kivimäki/ Pentti (2005), S. 176f.

die geleistete und erhaltene Unterstützung ("Unsichtbare" Unterstützung) an Dyaden untersuchten, kamen zum Ergebnis, dass sich hauptsächlich der von den Rezipienten unbemerkte Unterstützungsanteil als positiv erwies.[25]

Soziale Unterstützung und die Wahrnehmung der tatsächlichen Unterstützung können Bewältigungsversuche fördern und somit eine erfolgreiche Stress-Verarbeitung unterstützen, die sich positiv auf die Gesundheit auswirkt.[26]

## 2.2 Soziale Unterstützung als Persönlichkeitsmerkmal

Persönlichkeitsmerkmale sind nicht beobachtbare Konstrukte, die aus dem Verhalten eines Menschen erschlossen werden. Als Persönlichkeitsmerkmale, „Traits", eines Men-schen lassen sich Eigenschaften bezeichnen, die in bestimmten Situationen ein bestimmtes Verhaltensmuster zeigen, das über einen längeren Zeitraum, der sich über verschiedene Lebensabschnitte erstreckt, in transsituativer Konsistenz besteht.[27] Somit können günstige Persönlichkeitseigenschaften zu sich und der Umwelt bezüglich der Erwartung, Einforderung oder Annahme von sozialer Unterstützung eine große Bedeutsamkeit zugeschrieben und als Ressourcen genutzt werden.

Hoch extrovertierte Personen können beispielsweise sehr gut soziale Unterstützung einholen (mobilization of support) oder positive Affektivität durch soziale Maßnahmen steigern und damit empfundene Belastung reduzieren.[28]

Das Persönlichkeitsmerkmal "Gewissenhaftigkeit " beinhaltet das Streben nach Zielen und der Umsetzung von Plänen, dies wirkt gegen Rückzug und Vermeidung und kann somit zu einer zielstrebigen Handlungsreaktion zur Verbesserung der eigenen Gesundheit führen.

Dagegen tragen Personen des Typ-A-Verhaltensmusters eine hohe Feindseligkeitsausprägung in sich. Sie fühlen sich dementsprechend in geringerem Maße unterstützt und erleben somit eine vergleichsweise unzureichendere soziale Unterstützung.[29]

Ebenfalls kann eine hohe Selbstwirksamkeitserwartung aufgrund der optimistischen Einschätzung eigener Handlungsmöglichkeiten, die Annahme sozialer Unterstützung und

---

[25] Vgl. Bolger/ Zukerman/ Kessler (2000), S. 953ff.
[26] Vgl. Asendorpf (2018), S. 167f.
[27] Vgl. Faller (2006), S. 119.
[28] Vgl. Zellars/ Perrewé (2002), S. 459f.
[29] Vgl. Jamal/ Baba (2001), S. 231f

deren positiven Auswirkungen in Belastungssituationen fördern. Interne Kontrollüberzeugungen in Bezug auf die subjektive Überzeugung, wichtige Ereignisse im Leben kontrollieren zu können, sowie ein positives Selbstwertgefühl münden bei der Bewertung der eigenen Person (Selbsterleben) sowie der sozialen Beziehungen in eine optimistische Grundhaltung.[30]

Zusammenfassend ist festzuhalten, dass positive Persönlichkeitsmerkmale als Ressource dienen und sich effektiv auf Belastung und soziale Unterstützung auswirken können.

## 2.3 Diskussion: Auswirkungen stabiler Partnerschaften auf die Bewältigung von chronischen Krankheiten

Chronische Erkrankungen sind lang andauernde Krankheiten, die nicht vollständig geheilt werden können und durch die daraus resultierenden Belastungen wie Kontrollverlust, Konfrontation mit der eigenen Vulnerabilität sowie psychische und soziale Veränderungen, bei Betroffenen und den Krankheitsverlauf negativ beeinflussen können.

Günstige Auswirkungen bezüglich der Bewältigung von chronischen Krankheiten entstehen beispielsweise durch das sogenannte Dyadische Coping. Dieser Prozess beschreibt eine Interaktionsform, bei dem verbale und non-verbale Stresssignale des einen Partners durch Reaktionen des anderen beantwortet werden. Diese bestimmte Art der gemeinsamen Stressbewältigung trägt zu einem äußerst positiven Effekt auf die psychische Stabilität der Betroffenen bei – indem beide Partner beispielsweise besonderen Belastungen erkennen und sich infolgedessen gegenseitiges unterstütze, bzw. versuchen, die Belastung gemeinsam zu meistern.

Wissenschaftliche Untersuchungen, die sich mit „Benefit Finding" und „Sense Making" befassen, konnten nachweisen, dass krankheitsbedingte Veränderungen für die Partnerschaft nicht zwingend als Belastung empfunden werden müssen. Starke Zusammenhänge zeigen sich hierbei besonders zwischen individuell erlebter Sinnhaftigkeit und der eigenen sowie der vom Partner empfundenen Lebenszufriedenheit, was auf eine Synchronisierung der Bewertung schließen lässt.[31] Somit ergibt sich innerhalb einer stabilen Partnerschaft aus dem Anliegen,

---

[30] Vgl. Beutel (1989), S. 452ff.
[31] Vgl. Pakenham (2008), S. 1263ff.

krankheitsbedingte Herausforderungen gemeinsam zu meistern, ein positiver Aspekt zu deren Bewältigung.

Mittels der BSSS können valide Prognosen hinsichtlich der Bewältigungsstrategien der Patienten getroffen werden, die in engem Zusammenhang mit der bereits geleisteten emotionalen Unterstützung der Partner, stehen. Dabei zeigt sich vor allem die zeitverzögerte Wirkung partnerschaftlicher Unterstützung bezüglich der Bewältigungsstrategien. Werden die Betroffenen beispielsweise emotional unterstützt, indem die Partner Trost und Zuwendung spenden, haben die Betroffenen eine positivere Wahrnehmung ihrer Situation.[32]

Ein ebenfalls äußert positiver Aspekt bei Personen mit hoher Partnerschaftsqualität ist eine geringere Ausprägung von Depressionen. Das bedeutet, je höher die vom Betroffenen wahrgenommene Partnerschaftsqualität ist, desto besser die erhaltene Funktionsfähigkeit.

Auch biologisch gesehen wirkt sich eine soziale Interaktion zwischen den Betroffenen und ihren Partnern positiv aus. Die hierdurch geförderte Ausschüttung von Neurotransmittern wie Oxytocin, Dopamin und Serotonin zeigen sich beispielsweise in der Stressregulation des Herz-Kreislauf- und Immunsystems.

Somit ist festzustellen, dass eine stabile Partnerschaft sich auf mehreren Ebenen günstig auf den Verlauf, die Bewältigung und das Wohlbefinden des chronisch Betroffenen auswirken kann.

# 3. Aufgabe C3

Unterkapitel 3.1 definiert den Begriff "Ängstlichkeit" definiert und beschreibt seine Messbarkeit. Unterkapitel 3.2 erörtert Definitionen und Unterschiede zwischen den Krankheitsbildern Zwangsstörung und zwanghafter Persönlichkeitsstörung. Unterkapitel 3.3 veranschaulicht die Therapiemöglichkeiten bei zwanghaften Persönlichkeitsstörungen.

## 3.1 Ängstlichkeit: Definition und Messbarkeit

Als eine der menschlichen Grundemotionen ist Angst zunächst ein sehr nützlicher und notwendiger Affekt, der Individuen vor erwarteten Bedrohungen warnt, die Schmerz, Verletzung oder Tod zur Folge haben können.

---

[32] Vgl. Schwarzer/ Schulz (2003), S. 25.

Nach Freuds Konzeption wird Angst als ein Warnsignal vor einer drohenden Gefahr definiert, die im Menschen Spannungen auslöst und nicht willentlich beeinflussbar ist. Er unterscheidet diese in Realangst, neurotische Angst und moralische Angst. Aufgrund eines durch Angst ausgelösten innerpsychischen Konflikts entstünden Abwehrmechanismen die sich in Form von Verdrängung, Projektion und Reaktionsbildung manifestieren.[33] Operationale Definitionen der Angst beziehen sich überwiegend auf den behavioristischen Ansatz. Skinner definiert Angst als eine Vermeidungsreaktion, die durch einen bestimmten Mechanismus erlernt wurde. Watson und Rayner formulieren, dass Angst durch bestimmte angeborene Angstreize wie laute Geräusche, Haltverlust und Schmerzreize ausgelöst wird. Andere Angstreize würden bezüglich dieses Ansatzes durch klassisches Konditionieren erworben.[34] Jede dieser Angsttheorien definiert Angst, innerhalb ihres Theorie-Kontextes und spiegelt die jeweils zugehörige Therapieform wider.

Spielbergers State-Trait-Modell unterscheidet Eigenschaftsangst (Trait-Angst) und Zustandsangst (Stait-Angst). Er definiert die Eigenschaftsangst als relativ stabile interindividuelle Differenz in der Neigung, Situationen als bedrohlich zu bewerten und daraufhin mit einem Anstieg der Zustandsangst (z. B. Anspannung, Besorgtheit, Nervosität, innere Unruhe) zu reagieren, während die Zustandsangst den Ausprägungsgrad und die Tiefe der erlebten Emotion beschreibt, die in der Intensität über Zeit und Situation variiert. Spielberges Modell dient als Grundlage des Stait-Trait-Angstinventars (STAI) und wird als Test-Verfahren im klinischen Bereich sowie in der experimentellen Angst- und Stressforschung eingesetzt.

Obgleich sich Ängstlichkeit als ein differentiell-psychologisches Konstrukt der direkten Beobachtung entzieht, kann sie mithilfe von Interviews, Verhaltensbeobachtung und Fragebögen gemessen werden. Letztere gehören zu den populärsten psychologischen Methoden zur Erfassung von Ängstlichkeit.

Im Stait-Trait-Angstinventar (STAI) dienen zwei Selbstbeschreibungsskalen mit jeweils 20 Items der Erfassung von Angst als Zustand und Angst als Eigenschaft unter Berücksichtigung von Situationseinflüssen und verschiedenen intrapsychischen Prozessen. Die Anleitung des Stait-Teils ist so konstruiert, dass die Erfassung der Stait-Angst retro- oder prospektiv ermöglicht wird. Die Trait-Skala umfasst den Bereich der normalen bis neurotischen Angst,

---

[33] Vgl. Becker (2014), S. 119.
[34] Vgl. Lazerus-Mainka/ Siebeneick (2000), S. 12.

wobei hier lediglich der Anspruch besteht, die Tendenzen der Zustands- oder Eigenschaftsangst zu evaluieren.

### Fragebogen-Design: Trait-Ängstlichkeit (kurz)

1. Bitte geben Sie an, wie oft folgende Aussagen auf Sie zutreffen. Bei "fast nie" kreuzen Sie ganz links, bei "fast immer" ganz rechts an. Mit den Kästchen dazwischen können Sie abstufen.
Ängstlichkeit, Trait, kurz

| Folgende Aussagen treffen auf mich ... zu. | fast nie | | | | | | | fast immer |
|---|---|---|---|---|---|---|---|---|
| Ich werde schnell müde | ☐ | ☐ | ☐ | ☐ | ☐ | ☐ | ☐ | ☐ |
| Ich verpasse günstige Gelegenheiten, weil ich mich nicht schnell genug entscheiden kann | ☐ | ☐ | ☐ | ☐ | ☐ | ☐ | ☐ | ☐ |
| Ich bin ruhig und gelassen | ☐ | ☐ | ☐ | ☐ | ☐ | ☐ | ☐ | ☐ |
| Ich bin glücklich | ☐ | ☐ | ☐ | ☐ | ☐ | ☐ | ☐ | ☐ |
| Ich neige dazu, alles schwer zu nehmen | ☐ | ☐ | ☐ | ☐ | ☐ | ☐ | ☐ | ☐ |
| Mir fehlt es an Selbstvertrauen | ☐ | ☐ | ☐ | ☐ | ☐ | ☐ | ☐ | ☐ |
| Ich fühle mich geborgen | ☐ | ☐ | ☐ | ☐ | ☐ | ☐ | ☐ | ☐ |
| Ich fühle mich niedergeschlagen | ☐ | ☐ | ☐ | ☐ | ☐ | ☐ | ☐ | ☐ |
| Unwichtige Gedanken gehen mir durch den Kopf und bedrücken mich | ☐ | ☐ | ☐ | ☐ | ☐ | ☐ | ☐ | ☐ |
| Ich werde nervös und unruhig, wenn ich an meine derzeitigen Angelegenheiten denke | ☐ | ☐ | ☐ | ☐ | ☐ | ☐ | ☐ | ☐ |

### Fragebogen-Design STATE-Angst (kurz)

2. Wie sehr treffen die folgenden Gefühlsbeschreibungen im Moment auf Sie zu? Kreuzen Sie das auf Sie passende Kästchen an. Es gibt keine richtigen oder falschen Antworten. Überlegen Sie bitte nicht lange und entscheiden Sie dann, wie stark das betreffende Gefühl im Moment bei Ihnen vorhanden ist.

| Folgende Aussagen treffen auf mich ... zu. | überhaupt nicht | | | | | | | ganz und gar |
|---|---|---|---|---|---|---|---|---|
| Ich bin ruhig | ☐ | ☐ | ☐ | ☐ | ☐ | ☐ | ☐ | ☐ |
| Ich fühle mich angespannt | ☐ | ☐ | ☐ | ☐ | ☐ | ☐ | ☐ | ☐ |
| Ich bin aufgeregt | ☐ | ☐ | ☐ | ☐ | ☐ | ☐ | ☐ | ☐ |
| Ich fühle mich ausgeruht | ☐ | ☐ | ☐ | ☐ | ☐ | ☐ | ☐ | ☐ |
| Ich bin beunruhigt | ☐ | ☐ | ☐ | ☐ | ☐ | ☐ | ☐ | ☐ |
| Ich fühle mich selbstsicher | ☐ | ☐ | ☐ | ☐ | ☐ | ☐ | ☐ | ☐ |
| Ich bin nervös | ☐ | ☐ | ☐ | ☐ | ☐ | ☐ | ☐ | ☐ |
| Ich bin verkrampft | ☐ | ☐ | ☐ | ☐ | ☐ | ☐ | ☐ | ☐ |
| Ich bin besorgt | ☐ | ☐ | ☐ | ☐ | ☐ | ☐ | ☐ | ☐ |
| Ich bin vergnügt | ☐ | ☐ | ☐ | ☐ | ☐ | ☐ | ☐ | ☐ |

Abbildung 3: STAI-Fragebogen.[35]

Trotz der häufigen Anwendung des STAI wird kritisch betrachtet, dass die Items sich ausschließlich auf Situationen beziehen, die eine psychische Belastung in Form einer Bedrohung des Selbstwerts darstellen und somit nicht geeignet sind, um Angst und Ängstlichkeit in verschiedenen Situationen zu erfassen.[36]

Die Endler Multidimensional Anxiety Scales (EMAS) werden als Messverfahren zur Selbstbeurteilung von Erwachsenen genutzt. Dabei beantworten die Probanden im Rahmen eines 5-stufigen Rating-Systems (von "not at all" bis "very much") 88 Items innerhalb von 3 Skalen (State, Trait und Perception of Situation Scale). Wie im STAI wird zwischen Zustandsangst und Eigenschaftsangst unterschieden, jedoch werden diese Konstrukte hierbei als mehrdimensional betrachtet und nach ihren Symptomen in kognitive Reaktionen

---

[35] Vgl. Laux/ Glanzmann/ Schaffner/ Spielberger (2009), S.2ff.
[36] Vgl. Geßner/ Laux (2008), S. 228.

(Cognitive-Worry Scale) sowie autonome oder emotionale Reaktionen (Autonomic-Emotional Scale) differenziert. Zudem werden vier angstauslösende Situationen umfasst:[37]

- Situation, in der die Person von anderen bewertet wird (soziale Bewertungssituation)
- Situation, die Gefahr für den Körper einschließt (physische Gefahr)
- eine befremdliche, neue Situation (mehrdeutige Situationen)
- eine Situation, die Alltagserlebnisse einschließt (alltägliche Situationen)

## 3.2 Zwangsstörungen versus zwanghafte Persönlichkeitsstörungen: Definitionen und Unterschiede

Folgend soll aufgezeigt werden, dass sich die Krankheitsbilder der Zwangsstörung und der zwanghaften Persönlichkeitsstörung deutlich unterscheiden.

Die Zwangsstörung ist eine Krankheit mit hohem Leidensdruck, die nach ICD-10 unter den psychischen Störungen als F42 eingeordnet und in zwei Symptomgruppen unterschieden wird:

- Zwangsgedanken (obsessions) sind gekennzeichnet durch intrusive Gedanken, Impulse und Bilder mit beispielsweise sexuellem oder blasphemischem Charakter und können auch in Form von zwanghaftem Grübeln über die eigene Unvollkommenheit auftreten. Wird diesen zwanghaften Impulsen nicht nachgegangen entsteht Unwohlsein und Angst.[38]
- Zwangshandlungen (compulsions) sind sich wiederholende Verhaltensweisen, die sich vorwiegend in Reinigungs- und Kontrollzwängen zeigen, ebenso können sie in Form von Berührungs- oder Zählzwängen auftreten. Die Handlungen werden mit dem Ziel ausgeführt, Angst, Unwohlsein oder Schuldgefühle zu reduzieren oder zu vermeiden.

Der Beginn liegt häufig im Kindes-, Jugend- oder frühen Erwachsenenalter und zeigt sich meist in Form eines chronisch schwankenden Verlaufs mit Symptomverschlechterungen, die zu negativen beruflichen und sozialen Entwicklungen führen können.[39] Entstehungsmodelle, wie das Zwei-Faktoren-Modell des klassischen und operanten Konditionierens, das biologische Modell hinsichtlich einer Dysfunktion des präfrontalen Kortex oder das Sicherheitsmodell nach Röper, versuchen dieses Krankheitsbild zu erklären.

---

[37] Vgl. Laux (2008), S. 221.
[38] Vgl. Petermann/ Maercker/ Lutz/ Stangier (2011), S. 229f.
[39] Vgl. Petermann/ Maercker/ Lutz/ Stangier (2011), S. 230f.

Eine anankastische Persönlichkeitsstörung (Zwanghafte Persönlichkeitsstörung) ist wie bei allen Persönlichkeitsstörungen, dann vorhanden, wenn ein Mensch auffällige Verhaltensweisen, Einstellungen und Muster zeigt, die ihn in seiner Zufriedenheit und Zielerreichung einschränken oder durch sein Verhalten Konflikte mit anderen Menschen bzw. mit der Gesellschaft entstehen. Der Ursprung liegt meist in der Kindheit und Adoleszenz, da in diesen Lebensphasen die Persönlichkeitsentwicklung des Menschen stattfindet. Betroffene können beispielsweise ihren alltäglichen Aufgaben und Beziehungen nicht mehr ausreichend nachkommen und fühlen sich unwohl, wenn sie ihre selbst auferlegten Pflichten nicht erfüllen. Dies führt langfristig zu einem Verlust an sozialen Kontakten, wodurch soziale Isolation entsteht.

Nach ICD-10 zeichnet sich diese Persönlichkeitsstörung durch folgende Eigenschaften und Verhaltensweisen aus: Gefühle von starkem Zweifel und übermäßiger Vorsicht; ständige Beschäftigung mit Details, Regeln, Listen, Ordnung, Organisation oder Plänen; Perfektionismus, der die Fertigstellung von Aufgaben behindert; übermäßige Gewissenhaftigkeit und Skrupelhaftigkeit; unverhältnismäßige Leistungsbezogenheit unter Vernachlässigung oder bis zum Verzicht auf Vergnügen und zwischenmenschliche Beziehungen; übertriebene Pedanterie und Befolgung sozialer Konventionen; Rigidität und Eigensinn; unbegründetes Fordern, dass andere sich exakt den eigenen Gewohnheiten unterordnen oder unbegründete Abneigung dagegen, andere etwas machen zu lassen.[40]

Unterschiede zwischen Zwangsstörung und anankastischer Persönlichkeitsstörung

Obgleich die deutschsprachige Psychiatrie eine Zwangsstörung lange Zeit für das Produkt einer anankastischen Persönlichkeitsstörung hielt, sind mittlerweile eindeutige Abgrenzungen definiert. Aufgrund mehrerer Studien wurde eine klare diagnostische Trennung von Persönlichkeitsmerkmalen und Zwangssymptomen vorgenommen.[41]

Die Zwangsstörung ist im Gegensatz zur anankastischen Persönlichkeitsstörung, eine dem Betroffenen sehr bewusste, zur eigenen rationalen Beurteilung im Widerspruch stehende Erkrankung, die einen hohen Leidensdruck verursacht und starke Schamgefühle oder auch körperliche Schäden (z. B. wunde Haut durch ständiges Händewaschen) mit sich bringt. Menschen, die wiederum von einer anankastischen Persönlichkeitsstörung betroffen sind, ordnen die alltäglichen Aufgaben und sozialen Kontakte bestimmten Verhaltensweisen wie

---

[40] Vgl. Deutsches Institut für Medizinische Dokumentation (2019), S. 187.
[41] Vgl. Fiedler/ Herpertz (2016), S. 377f.

Aufräumen, Putzen oder anderen akribisches Arbeiten unter und können den Wandel von gesundem zu krankhaftem Verhalten nicht eindeutig definieren. Typisch für Personen mit dieser Persönlichkeitsstörung ist auch das relativ späte Aufsuchen von professioneller Hilfe, was zunächst durch äußere Faktoren wie Konflikte in Partnerschaften, Familie oder Beruf begründet wird. Personen, die an dieser Persönlichkeitsstörung erkrankt sind, empfinden selten Leidensdruck aufgrund ihrer Verhaltensweise, dieser entsteht primär infolge von Komorbiditäten, z. B. Depressionen aufgrund sozialer Isolation oder Konflikten. Während eine anankastische Persönlichkeitsstörung gesellschaftlich geschätzte Eigenschaften eines Menschen zeigt, unterscheidet sie sich damit von den offensichtlich sinnlosen oder absurd wirkenden Zwangshandlungen einer zwangsgestörten Person. Weiterhin fallen Zwangsstörungen generell als markantes und behinderndes Merkmal auf und entwickeln sich, im Gegensatz zur anankastischen Persönlichkeitsstörung, nicht sukzessiv über eine vorerst angenehme Persönlichkeitseigenschaft. Allgemein können Persönlichkeitsstörungen erst ab dem frühen Erwachsenenalter diagnostiziert werden, während Zwangsstörungen laut ICD-10 bereits im Alter von 3 Jahren auftreten können.

Somit ergibt sich im Hinblick auf Pathogenese und Symptomatik, trotz diverser Überschneidungen eine klare Differenzierung zwischen beiden Krankheitsbildern.

### 3.3 Therapie der zwanghaften Persönlichkeitsstörung

Da das Behandlungsziel bei Persönlichkeitsstörungen nicht auf eine Heilung, sondern der Verbesserung psychosozialer Kompetenzen (Verbesserung der Kompetenz zur Lösung komplexer psychosozialer Probleme), Strukturierungen des psychosozialen Umfelds (um eine Aufrechterhaltung dysfunktionaler Verhaltensmuster auszuschließen), Bearbeitung dysfunktionaler Verhaltensmuster (Therapie), Ressourcenorientierung (positive Ressourcen des Patienten aktivieren) und dem Transfer des Erlernten im sozialen Umfeld (durch Verankerung und Generalisierung), abzielt, stehen vor allem Psychotherapie und Soziotherapie im Mittelpunkt des Therapiekonzeptes.

Generell gilt die Behandlung von zwanghaften Persönlichkeitsstörungen als schwierig, da es den Betroffenen nicht leicht fällt emotionale Hemmungen zu überwinden und dem eigenen Anspruch hinsichtlich der Rolle als perfekter Patient gerecht zu werden. Eine weitere Schwierigkeit ist das Entstehen von Nähe, dass vom Patienten mit einem Kontrollverlust gleichgesetzt wird. Trotzdem zeigen die Patienten aufgrund ihres Durchhaltevermögens oft eine hohe Bereitschaft, die Behandlung erfolgreich abschließen zu wollen, was sich als günstig für Langzeittherapien erweist. Hinsichtlich häufiger Beziehungsprobleme des Patienten erscheint ein Konflikt-Management als zwingend notwendig und wirkungsvoll. Aufgrund der krankheitsbedingten Umbrüche im Lebensumfeld der Betroffenen ist ein hohes Depressionsrisiko zu berücksichtigen.

Spezielle Therapiemodelle für die Behandlung von Persönlichkeitsstörungen gibt es nicht, allerdings zeigen sich folgende Therapiekonzepte effektiv:[42]

- Psychoanalytische und tiefenpsychologisch orientierte Therapien werden als längerfristige Therapien eingesetzt. Unsicherheiten des Patienten sollen überwunden werden, um seine Lebensbedingungen zu verändern. Strenge Normen, die die Betroffenen von ihren Eltern übernommen und verinnerlicht haben werden hinterfragt. Der Patient soll mehr Zugang zu seinen Gefühlen bekommen, die im Zusammenhang mit dem zwanghaften Verhalten stehen.

- Kognitiv-behaviorale Therapien legen den Schwerpunkt außerhalb der therapeutischen Beziehung und konzentrieren sich auf Verhaltensmuster im psychosozialen Umfeld. Wichtige Therapieziele sind, den Perfektionismus oder starre Gedankenmuster zu hinterfragen und diese beim Umgang mit Problemen durch flexiblere Gedanken und Verhaltensweisen zu ersetzen.

- Gruppentherapien können Betroffene dazu anregen, ihre bisherigen Vorstellungen und Verhaltensweisen im Alltag zu hinterfragen. Gleichzeitig sollen sie mit neuen Denkansätzen und Verhaltensweisen experimentieren.

- Therapien mit Psychopharmaka werden als nicht sinnvoll angesehen und nur eingesetzt, wenn gleichzeitig eine andere psychische Störung (z.B. Depression) besteht.

Ein konkretes Beispiel für eine mögliche Therapie ist die Psychotherapie dysfunktionaler Interaktionsstile. Diese Therapieform sieht eine Klärung internaler Problemdeterminanten auf Basis einer vertrauensvollen vom Therapeuten aktiv gestalteten therapeutischen Beziehung vor. Solche sind beispielsweise dysfunktionale Schemata bzw. überdauernde Verarbeitungsstrukturen erkennen, um die Förderung effektiver Selbstregulation und die daraus resultierende Freisetzung persönlicher Ressourcen sowie eine erhöhte Handlungsorientierung und motivkongruente Entscheidungen zu ermöglichen. Der Patient soll Eigenanteile am Problem erkennen und daraus das Problem definieren. Im weiteren Verlauf werden Ziele und Motive des Patienten explizit bezeichnet, wobei es tendenziell nicht um die

---

[42] Fiedler/ Herpertz (2016), S. 318ff.

Gedanken und Gefühle selbst, sondern um deren Bedeutung für den Patienten geht. Abschließend ist hinzuzufügen, dass Normen im Therapieverlauf vorerst nicht diskutiert werden, da diese für den Patienten inhaltlich keine Funktion haben, sondern als intra-psychische Regulationsfunktion und als Angstschutz dienen. Erst wenn der Patient der Frage folgt, welche Funktion Normen für ihn haben, kann der Therapeut aufzeigen, dass diese aufgrund der Gefühle von Wertlosigkeit, Zweifel oder Unvollkommenheit entstehen.

# Literaturverzeichnis

**Asendorpf, J. B.** (2018), Persönlichkeitspsychologie für Bachelor, 4. Auflage, Berlin.

**Asendorpf, J. B., Neyer, F., J.** (2011), Psychologie der Persönlichkeit, 5. Auflage, Berlin.

**Becker, B.** (2014), Grundlagen der Differentiellen und Persönlichkeitspsychologie, Studienbrief der SRH Fernhochschule, 1. Auflage, Riedlingen.

**Beutel, M.** (1989), Was schützt Gesundheit? Zum Forschungsstand und der Bedeutung von personalen Ressourcen in der Bewältigung von Alltagsbelastungen und Lebensereignissen. In: Psychotherapie, Psychosomatik, Medizinische Psychologie, Stuttgart.

**Cattell, R. B.** (1978), Die empirische Erforschung der Persönlichkeit, Weinheim.

**Deutsches Institut für Medizinische Dokumentation und Information** (2019), ICD-10-GM, Köln.

**Eckenrode, J., Wethington, E.** (1990): The process and outcome of mobilizing social support. In: S. Duck (Hrsg.), Personal realtionships an social support, London.

**Faller, H., Lang, H.** (2006), Medizinische Psychologie und Soziologie, Berlin.

**Fiedler, P., Herpertz, S.** (2016), Persönlichkeitsstörungen, Weinheim.

**Geßner, A., Laux, L.** (2008), Persönlichkeitspsychologie, 2.Auflage, Stuttgart.

**Hoyer, J., Helbig, S., Margraf, J.** (2005), Diagnostik der Angststörungen, Göttingen.

**Hoyer, J. Margraf., J.** (2002), Angstdiagnostik: Grundlagen und Testverfahren, Berlin.

**José, M.** (2016): Positive Psychologie und Achtsamkeit im Schulalltag, Wiesbaden.

**Klauer, T.** (2009), Soziale Unterstützung. In: Bengel, J., Jerusalem, M. (Hrsg.), Handbuch der Gesundheitspsychologie und Medizinischen Psychologie, Göttingen.

**Kleiboer A. M., Kuijer R. G., Hox J. J., Jongen P. J., Frequin, S. T., Bensing, J. M.** (2007) Daily negative interactions and mood amoong patients and partners dealing with mutliple sclerosis (MS): The moderating effects of emtional support. In: Social Science & Medicine.

**Kleiboer A. M., Kuijer R. G., Hox J. J., Jongen, S. T., Bensing, J. M.** (2006) Receiving and providing support in couples dealing with multiple sclerosis: A diarystudy using an equity perpective. In: Personal Relationsships.

**Knoll, N., Schwarzer, R.** (2005), Soziale Unterstützung. In: R. Schwarzer (Hrsg.), Enzyklopädie der Psychologie, Göttingen.

**Laux, L.** (2008), Grundriss der Psychologie Band 11, Stuttgart.

**Laux L., Glanzmann P., Schaffner P., Spielberger C. D.** (1981) State-Trait-Angstinventar (STAI), Weinheim.

**Lazarus-Mainka, G., Siebeneick, S.** (2000), Angst und Ängstlichkeit, Göttingen.

**Maltby, K., Day, L., Macaskill, A.** (2011), Differentielle Psychologie, Persönlichkeit und Intelligenz, München.

**Mayer, J. D., Salovey, P.** (1993), The intelligence of emotional intelligence. In: Intelligence.

**Mayer, J. D., Salovey, P.** (1997), What is emotional intelligence? In: Salovey, P., Sluyter, D. J., (Hrsg.), Emotional development and emotional intelligence: Educational implications, New York.

**Mayer, J. D., Salovey, P., Caruso, D. R., Sitarenios, G.** (2003): Measuring emotional intelligence with the MSCEIT V2.0. In: Emotion, Washington D. C.

**McPheters, J. K., Sandberg J. G.** (2010) The relationship among couple relationship quality, physical functioning and depression in multiple sclerosis patients and partners. In: Families, Systems and Health.

**Pakenham, K. I.** (2008), The nature of sense making in caregiving for persons with multiple sclerosis. In: Journal of Health Psychology.

**Petermann, F., Maercker, A., Lutz, W., Stangier, U.** (2011), Klinische Psychologie – Grundlagen, Göttingen.

**Rauthmann, J. F.** (2017): Persönlichkeitspsychologie: Paradigmen - Strömungen - Theorien, Berlin.

**Sachse, R.** (1997), Psychotherapie dysfunktionaler Interaktionsstile. In: Persönlichkeitsstörungen, Göttingen.

**Sachse, R., Kiszkenow-Bäker, S., Schirm, S.** (2015), Klärungsorientierte Psychotherapie der zwanghaften Persönlichkeitsstörung, 1. Auflage, Göttingen.

**Salewski, C., Renner, B.** (2009), Differentielle Psychologie und Persönlichkeitspsychologie, München.

**Salovey, P., Mayer, J. D.** (1990), Emotional Intelligence. In: Imagination, Cognition and Personality.

**Salovey, P., Mayer, J. D., Goldman, S., Turvey, C. & Palfai, T.** (1995), Emotional attention, clarity and repair: Exploring emotional intelligence using the Trait Meta-Mood scale. In: J. W. Pennebaker (Hrsg.), Emotion, disclosure and health, Washington, DC.

**Schuler, H.** (2002) Emotionale Intelligenz – ein irreführender und unnötiger Begriff. In: Zeitschrift für Personalpsychologie, Göttingen.

**Tangney, J. P.** (2004), High self-control predicts good adjustment, less pathology, better grades, and interpersonal succes. In: Journal of Personality.

**Zellars, K. L., Perrewé, P. L.** (2002), Affective Personality and the content of emotional social support: coping in organizations. In: Journal of Applied Psychology.

**Internetquellen**

**Bar-On, R.** (2006), The Bar-On Model of Emotional-Social Intelligence, https://www.researchgate.net/publication/6509274_The_Bar-On_Model_of_Emotional-Social_Intelligence, abgerufen am 19.09.20.

**Bolger, N., Zuckerman, A., Kessler, R. C.** (2000), Invisible Support and Adjustment to Stress, https://www.researchgate.net/publication/12189987_Invisible_support_and_Adjustment_to_s tress, abgerufen am 23.09.20.

**Busch, A.-K., Spirig, R., Schnepp, W.** (2014), Bewältigung der Multiplen Sklerose in der Partnerschaft, https://link.springer.com/article/10.1007/s00115-014-4017-7, abgerufen am 23.09.20.

**Cohen, S., Wills, T. A.** (1985), Stress, Social Support, and the Buffering Hypothesis, https://www.researchgate.net/publication/19261005_Stress_Social_Support_and_the_Bufferi ng_Hypothesis, abgerufen am 21.09.20.

**Fröhlich-Rüfenacht, S., Rousselot, A., Künzler, A.** (2013), Psychosoziale Aspekte chronischer Erkrankungen und deren Einfluss auf die Behandlung, https://medicalforum.ch/journalfile/view/article/ezm_smf/de/smf.2013.01425/5882cd3cf900b 6b1edd79ba1464dc045554508bf/smf_2013_01425.pdf/rsrc/jf, abgerufen am 22.09.20.

**Van Heck, G. L., Den Oudsten, B.** (2007), Emotional Intelligence: Relationships to Stress,Health                                and                                Well-being, https://www.researchgate.net/publication/254801917_Emotional_Intelligence_Relationships_ to_Stress_Health_and_Well-being, abgerufen am 19.09.20.

**Jamal, M., Baba, V. V.** (2001), Type-A Behavior, Job Performance, and Well-Being in College Teachers, https://link.springer.com/article/10.1023/A:1011343226440, abgerufen am 19.09.20.

**Kienle R., Knoll N., Renneberg B.** (2006), Soziale Ressourcen und Gesundheit: soziale Unterstützung und dyadisches Bewältigen, https://doi.org/10.1007/978-3-540-47632-0_7, abgerufen am 23.09.20.

**Laux, L., Glanzmann, P., Schaffner, P., Spielberger, C. D.** (2009), State-Trait-Anxiety Inventory nach Spielberger, https://empcom.univie.ac.at/fileadmin/user_upload/p_empcom/pdfs/Grimm2009_StateTraitA ngst_MFWorkPaper2009-02.pdf, abgerufen am 29.09.20.

**Petermann, F., Macha, T.** (2006), Psychologische Tests in der Pädiatrie, https://link.springer.com/article/10.1007%2Fs00112-006-1309-4, abgerufen am 20.09.20.

**Ringel, E.** (1975), Psychosomatische Aspekte der Krebserkrankung, https://link.springer.com/book/10.1007/978-3-642-65936-2, abgerufen am 20.09.20.

**Schwarzer, R., Schulz, U.** (2003), Die Berliner Social Support Skalen (BSSS), http://citeseerx.ist.psu.edu/viewdoc/download?doi=10.1.1.513.4370&rep=rep1&type=pdf, abgerufen am 21.09.20.

**Smyth, A., O´Donell, M., Lamelas, P.** (2016), Herzinfarkt – besondere Gefahr mit Wut im Bauch, https://www.kardiologie.org/herz-und-gefaesse/herzinfarkt-besondere-gefahr-mit-wut-im-bauch/10882220, abgerufen am 20.10.20.

**Vänäänen, A., Buunk, B., Kivimäki, M., Pentti, J.** (2005), When It Is Better to Give Than to Receive: Long-Term Health Effects of Perceived Reciprocity, https://www.researchgate.net/publication/7600991, abgerufen am 23.09.20.